AF247100

LÉGENDE BIOGRAPHIQUE

DE SAINT ÉLOI

PAR

M. L'Abbé A. DENYS, Curé

de la paroisse de Saint-Éloi, au Faubourg Saint-Antoine.

PARIS

LIBRAIRIE LITURGIQUE-CATHOLIQUE

L. LESORT

RUE DE GRENELLE-SAINT-GERMAIN, 3

—

ET CHEZ L'AUTEUR

36, RUE DE REUILLY, 36

LÉGENDE

BIOGRAPHIQUE

DE

SAINT ÉLOI

————

L'objet principal de toutes les fêtes de l'Église, c'est avant tout, J.-C. le divin Rédempteur, chef et modèle de tous les Saints. Ces illustres personnages, ses imitateurs qui, par la sagesse de leur conduite et par la pratique des vertus chrétiennes, se sont rendus dignes de nos hommages et de notre respect, ont sans doute un mérite particulier et une excellence personnelle qui font le sujet de notre admiration; mais comme leur justice et leur sainteté ne sont qu'un reflet de la Justice et de la Sainteté infinie de J.-C., c'est à lui principalement que se termine ou se rapporte le culte que nous rendons à ceux qu'il a bien voulu sanctifier et glorifier, en consommant en eux ses propres dons.

En célébrant la fête des Saints, le but de l'Église a toujours été d'honorer, en eux, Dieu lui-même ; elle a eu aussi en vue de nous les proposer pour modèles, et de nous exciter à les imiter en nous découvrant la grande récompense qui leur a été accordée et qui nous attend si nous sommes fidèles à suivre la route qu'ils nous ont tracée. Telles ont été surtout ses fins, en plaçant chaque paroisse sous la protection tutélaire d'un saint Patron en particulier, et en donnant à chacun de nous à invoquer, auprès du trône de Dieu, un intercesseur dont nous portons le nom et qui puisse en même temps nous servir de guide, parce qu'il a vécu comme nous, pauvres humains, sur cette terre où nous vivons, à notre tour, comme eux.

Voilà pourquoi cette paroisse a été placée sous l'invocation de Saint Éloi qui jouit d'un si grand crédit auprès du Tout-Puissant, dans le séjour de la gloire ; voilà pourquoi aussi tant de corporations de travailleurs se souvenant qu'il a commencé par être un simple ouvrier comme le plus humble d'entre eux, qu'il a porté sa profession de rude labeur jusqu'à l'art le plus parfait, enfin qu'il a donné constamment l'exemple d'une conduite irréprochable et de la pratique d'une religion éclairée, l'ont choisi pour protecteur et patron.

Si le patronage de saint Éloi a été préféré a celui de tout autre saint pour cette paroisse nouvelle, au faubourg Saint-Antoine, c'est parce que sa population se trouve composée, pour la plus grande partie d'ouvriers. Il a paru aux fondateurs que, dans ce quartier laborieux, il convenait de fixer les regards de ces infatigables enfants du travail sur l'un de leurs égaux; lequel sut devenir l'artisan de l'éternelle gloire dont il jouit dans les cieux, au moyen d'une sainte alliance des bonnes œuvres avec la Foi, aussi bien que du travail avec la vertu.

Un autre motif, tout a fait historique, qui a déterminé ce choix, c'est que ce quartier ainsi peuplé de nombreux travailleurs, est encore rempli des souvenirs du grand artiste, qui se rattachent à la position qu'il occupait à la cour.

Le roi Dagobert possédait dans la rue actuelle de Reuilly *Romiliacum*, un palais qui avait été habité par ses ancêtres. Si ce n'est pas saint Éloi qui l'a construit, du moins il l'a considérablement embelli, et par ses soins intelligents il en

avait fait le Versailles des souverains de cette époque.
Sans avoir la splendeur de celui de Louis XIV, cet antique
Versailles ne manquait cependant pas de magnificence :
c'est à ce palais que la rue de Reuilly et tout le quartier doivent leur nom. Ses jardins s'étendaient jusqu'au
bois de Vincennes et avaient été admirablement aménagés
par le restaurateur du palais qui excellait dans tout ce
qu'il entreprenait.

Le palais de Reuilly existait encore en 1359, puisque le
roi Jean voulut en faire la cession à Humbert, patriarche
d'Alexandrie ; mais depuis, le temps, qui détruit, emporte
ou modifie tout, n'a pas même laissé de traces du palais du
roi Dagobert ni de ses jardins. C'est ainsi que, dans ce
monde, tout disparaît, s'efface et s'oublie. Cependant
le souvenir de saint Éloi a traversé les siècles, et la
chanson qui a popularisé son nom et en même temps
celui de son roi, prouve jusqu'a quel point il était cher
à nos pères et combien le peuple a la mémoire du
cœur.

Nous ajouterons que le même saint Éloi, avait fait bâtir,
vers l'an 633, dans ce quartier qu'il affectionnait particulièrement, sous le vocable de *saint Paul*, une chapelle sur
un terrain destiné à servir de sépulture aux religieuses du

monastère qu'il avait construit dans la Cité et dont il avait confié la direction à la bienheureuse sainte Aure. En raison de sa situation au delà du mur d'enceinte, cet oratoire avait pris le nom de *Saint-Paul hors des Murs*. Cette construction était une nouvelle preuve de l'intérêt que saint Éloi portait à cette portion du voisinage de Paris, c'est pour cet intérêt qu'il n'a cessé d'y être vénéré, même depuis qu'elle fait partie du douzième arrondissement. L'église Saint-Paul Saint-Louis a remplacé la chapelle Saint-Paul des Champs qui avait été plusieurs fois détruite par les Normands.

L'église paroissiale de Saint-Éloi a été bâtie par les soins de M. l'abbé Denys, premier curé, et avec ses seules ressources, sur un terrain dont il avait fait l'acquisition ; elle a été inaugurée le 29 décembre 1856 et le curé installé le même jour par Mgr. Sibour, archevêque de Paris, au milieu d'un très-grand concours de curés de la capitale, d'ecclésiastiques, vicaires et autres, ainsi que d'un nombre considérable de fidèles. Cette église était un immense bienfait pour ce quartier, presque privé des secours religieux, tant les églises voisines en étaient éloignées. Construite sur un terrain de 3,475 mètres, cette église a 47 mètres de long sur 23 mètres de large. Les travaux de fondation ont commencé le 14 juillet 1856, jour anniversaire de la prise de la Bastille, qui autrefois dominait le faubourg Saint-

Antoine, sans qu'on se soit occupé de cette coïncidence qui, cependant, ne manquait pas d'importance au point de vue de la philosophie de l'histoire, et qui a frappé quand on l'a remarquée. Quel contraste en effet, entre le calme de ce jour où l'on commençait paisiblement et en silence, dans ce quartier populeux, les travaux de construction d'une nouvelle église, temple d'un Dieu de paix et d'amour, et l'agitation violente de ce jour, à la même date du mois dans lequel un demi-siècle auparavant les passions populaires, surexcitées jusqu'au délire, préludant à des luttes fratricides, détruisaient, le fer et le feu à la main, une forteresse nationale, malheureusement détournée de sa destination primitive, et devenue fameuse par les excès, les erreurs ou les complaisances d'un pouvoir qui, trop souvent, hélas! disait le peuple, en avait fait le rempart du bon plaisir (1). La religion à laquelle son auteur a promis l'immortalité, la religion qui ne se lasse et ne se presse jamais, parce que sa nature divine lui assure l'éternité qu'elle tient de son auteur, la religion préludait, dans cette circonstance pacifique, aux consolations et aux bénédictions qu'elle ne demande qu'à répandre au milieu de ce même peuple dont elle est la force et la protection. Si on ne la pratique pas assez, c'est parce qu'on ne la connaît pas suffisamment.

(1) Et nunc reges intelligite, erudimini qui judicatis terram. Ps. 2, ᵜ. 10.

La première pierre du sanctuaire avait été bénite par
M. l'abbé Darboy, alors vicaire général, devenu depuis
archevêque de Paris, le 12 du mois d'août à sept heures du
soir. La foule calme et recueillie présente à cette cérémonie était immense. On évaluait de sept à huit mille le nombre des assistants répandus sur les terrains de l'église et
du voisinage, alors sans constructions. Avant de sceller la
pierre fondamentale; M. l'abbé Darboy a prononcé un
discours des plus remarquables, dans lequel il a expliqué
l'importance, du Temple, pour l'homme, la famille et la
société. Il a ensuite examiné la différence qui existe entre
le Temple, la maison de Dieu et la Mairie; ses paroles élo-
quentes, écoutées avec un religieux silence ont profondément impressionné l'assemblée :

Les travaux furent rapidement terminés, l'église fut
bientôt en état d'être livrée au culte, et maintenant, au
lieu de l'orgueilleuse forteresse symbole permanent de la
force matérielle et de la menace, c'est le modeste clocher
d'une église, phare toujours rayonnant de réconciliation,
de paix et de charité, qui domine cette portion du faubourg Saint-Antoine et y annonce les bénédictions de
Dieu.

Dans le discours qu'il adressa au peuple à l'occasion de
l'installation du premier curé, Mgr. Sibour se montra rem-

pli d'affection et de tendresse; pour la population du quartier aussi bien que pour le nouveau pasteur; ses paroles prononcées avec une touchante onction, renfermaient cependant un profond sentiment de tristesse qui frappa toute l'assistance. On eût dit qu'un pressentiment secret l'avertissait que cette cérémonie solennelle était la dernière qu'il dut présider, comme elle le fut, en effet, puisque quelques jours après, dans la même semaine, il était immolé par une main parricide, au milieu même d'une cérémonie religieuse et entouré d'une autre foule considérable qui, comme celle de Saint-Éloi, se montrait pleine de vénération et d'un respectueux attachement pour son premier pasteur.

La paroisse de Saint-Éloi commença son existence civile et canonique et à prendre rang parmi les cures de Paris, le 1er janvier 1857. Depuis cette époque, le bien n'a cessé de s'y faire et Dieu semble y avoir répandu ses bénédictions, tant sur le clergé que sur les fidèles et, en particulier, sur les maisons religieuses et les maisons d'éducation.

Vers la fin du sixième siècle, sous le règne de Clotaire II, vivait, dans une petite ville du voisinage de Limoges, nommée Chatelac ou Cautalac, un jeune ménage de bourgeois simples et modestes, mais fervents chrétiens, qui comp-

taient parmi leurs ancêtres un grand nombre de serviteurs de Dieu. Le mari s'appelait *Eucharius* ou Euchès,
l'épouse *Terrigia* ou Terrigie. Deux beaux noms, car
Eucharius veut dire doux de cœur, et *Terrigia* agréable
à Dieu.

Ces dignes serviteurs de Dieu eurent un fils auquel ils
donnèrent le nom d'*Eligius* ou Éloi qui signifie, Élu du
Seigneur. Ce nom, présage heureux, ne pouvait être donné
à un enfant qui en fit un meilleur usage, car il est, en
quelque sorte, le miroir le plus pur de sa belle âme. Il na-
quit en 588.

Éloi, dès ses plus tendres années, fut élevé dans une foi
pure par ses bien-aimés parents, et dans les sentiments de
la piété la plus sincère.

Tout homme venant au monde y apporte ses aptitudes
particulières, qui se révèlent en lui souvent durant ses
années les plus voisines de l'enfance. Le jeune Éloi montra
à cet âge, une admirable dextérité, une adresse dont rien
n'approchait et qu'on ne retrouvait dans aucun de ses cama-
rades. Dans le but de seconder cette merveilleuse aptitude,
sa famille le plaça chez un des plus habiles orfèvres de
Limoges : il se nommait Abbon. C'était un homme non
moins remarquable par sa probité que par son habileté.

Attentif aux leçons de son patron, le jeune Éloi à la péné-
tration duquel rien n'échappait, et qui ne laissait rien
passer sans s'en rendre compte, ne tarda pas à exceller
dans la profession qu'on lui avait fait embrasser, et devint
bientôt maître dans son art. Mais les progrès qu'il fit dans
la vertu le firent remarquer bien plus encore de tous ceux
qui le connaissaient. Il n'y avait personne qui ne fût charmé
de sa franchise, de sa douceur et de son exemplaire
charité. Tout le monde, dans la ville de Limoges, admirait
son exactitude aux offices de sa paroisse et son maintien
si profondément religieux, qu'il n'était pas possible de
ne pas s'apercevoir qu'en lui la raison avait devancé
les années.

Il vécut ainsi pendant plusieurs années estimé, considéré
et proposé pour modèle par tous les pères de famille à
leurs enfants et par tous les patrons à leurs ouvriers ou
apprentis. Il comptait bien s'y établir pour toute sa vie,
et y vivre dans la pratique du bien en même temps que
que dans la pratique de son art ; mais la divine Providence qui avait sur lui les plus grands desseins permit,
qu'au moment où il y pensait le moins, il fût appelé à
Paris pour affaires.

Arrivé dans la capitale, le jeune artiste limousin y fit
connaissance avec Robert, trésorier de Clotaire II. Sa

réputation d'habileté et d'adresse se répandit vite dans la grande cité, car la véritable supériorité ne tarde jamais à se faire connaître, même dans les plus grands centres.

Le trésorier du roi que la Providence avait mis sur son chemin, parla au prince des différents objets d'art exécutés par son protégé, qu'il avait été à même d'apprécier. Clotaire II, prince généreux et protecteur des arts, comme tout souverain intelligent doit l'être, voulut mettre en évidence et faire valoir son talent, et le chargea de lui construire un trône vraiment royal, orné d'or et de pierreries. Éloi se mit à l'œuvre et fit une merveille artistique que toute la cour admira. Le roi en était ravi et se préparait à récompenser magnifiquement son auteur. Mais quel ne fut pas son étonnement quand, après s'être fait donner par Éloi l'explication d'un travail si beau, si délicat, si surprenant, l'artiste lui présenta un second trône complétement semblable, qu'il avait fait avec la matière qu'on lui avait fournie pour un seul. Touché de ce trait de délicatesse et de probité, le roi le nomma directeur des monnaies deson royaume. Cette fonction de haute confiance était une des grandes charges de l'État.

Le nouveau directeur des monnaies remplit son important emploi avec non moins d'intelligence que de zèle et de dévouement au prince qui le lui avait confié. Il le conserva sous trois souverains qui se succédèrent, Dagobert Ier, Clotaire II et Clovis II. On rencontre encore de temps en temps des pièces d'or frappées sous ces trois souverains, sur lesquelles on trouve son nom.

Clotaire II, ayant reconnu le mérite, l'intelligence et la supériorité de son directeur des monnaies, ne tarda pas à lui donner une preuve de son estime, en lui accordant l'insigne faveur de venir habiter son palais. C'était l'honorer de la plus haute marque de sa considération, et indiquer que, ce qu'effectivement il fit plus tard, il l'admettrait dans ses conseils. Une aussi flatteuse distinction ne changea en rien la simplicité de sa vie, et ne l'empêcha nullement de continuer à se livrer assidûment à ses travaux d'artiste. Nous pouvons même dire que, loin de rougir de ces travaux manuels, il se faisait gloire d'en parler et de se présenter partout comme un ouvrier heureux et fier de sa profession. Sa piété éclairée trouvait surtout un charme inexprimable à faire servir son habileté à la fabrication de magnifiques châsses pour renfermer les reliques des saints.

Témoin des dangereuses séductions de la cour auxquelles certains avantages de sa personne et sa supériorité en toutes choses l'exposaient peut-être plus que beaucoup d'autres, il sut garder son cœur dans l'innocence et la pureté.

Ce brillant artiste savait sanctifier son travail par de bonnes lectures, surtout par celle des saintes Écritures. Le livre des Évangiles était continuellement ouvert sous ses yeux, et pendant les moments de tout repos forcé, particulièrement quand le fer, l'or ou l'argent chauffaient dans ses forges, il nourrissait son esprit et son cœur par la méditation des saintes lettres. Par cette application soutenue, il remplit son esprit d'une science religieuse aussi complète que possible et son cœur d'une piété non moins éclairée que tendre et forte.

Après avoir passé quelque temps à la cour et apprécié de plus près les vanités du monde, le jeune directeur des monnaies du roi, désillusionné de plus en plus des choses de la terre, prit la résolution de mener une vie encore plus édifiante et plus austère. Il commença par faire une confession générale de tous ses péchés et arracha de son cœur jusqu'au germe le plus profondément caché de la plus légère de ses fautes.

La conscience ainsi déchargée de toute inquiétude et son intérieur réglé, à ses vêtements précieux brodés d'or et de soie, il substitua des habits plus simples et plus modestes. Il se débarrassa de toute espèce de luxe, afin d'être à même de répandre de plus abondantes aumônes dans le sein des nombreux pauvres qui le suivaient partout. Quelquefois, il les servait lui-même dans son habitation. On dit même qu'il ne prenait jamais de nourriture que quand il avait pourvu aux besoins des autres.

Une âme aussi noble et aussi généreuse que la religion seule avait été capable de former et de soutenir dans un tel état de sacrifices et de dévouement, quel malheur qu'elle ne soit ni assez connue, ni assez comprise!!! Le roi ne cessait de combler Éloi de ses bienfaits; les munificences du souverain, qui augmentaient les épargnes du directeur de ses monnaies ne servaient qu'à soulager tous les genres d'infortunes, plus multipliées les unes que les autres dans ce beau pays de France, où l'on n'est pas encore parvenu à éteindre la misère : il est vrai que, la plupart du temps, elle n'est que le résultat de l'inconduite. Parmi les œuvres auxquelles l'artiste chrétien se consacra avec le plus de zèle, parce qu'alors elle était d'une immense importance et devait concourir à la propagation du christianisme avec efficacité, c'est l'œuvre de la rédemption des esclaves. Dans le siècle où nous vivons, l'on jouit d'une indépendance et d'une liberté, fruits, du reste, des bienfaits du christianisme, qui ne nous permettent pas d'apprécier cette œuvre, si éminemment morale qu'elle soit, à moins que l'on n'ait approfondi l'histoire des temps anciens

A l'époque où saint Éloi vivait, les débris de l'Empire

romain, divisés en une infinité de petits gouvernements que
se disputaient les Barbares, offraient partout l'anarchie. Au
moment où l'on y pensait le moins, ces hordes sauvages
fondaient sur certaines contrées dont elles avaient calculé
la force de résistance, y portaient le ravage, la mort et la
désolation, et emmenaient en captivité des populations entières. Souvent on voyait des flottes, composées de nombreux vaisseaux, descendre ou remonter la Seine et déposer
à Paris, sur ses bords ainsi souillés, des cargaisons de prisonniers destinés à être vendus comme esclaves. Ces
malheureux prisonniers étaient des Maures, des Italiens,
des Bretons, des Saxons surtout, enlevés à leur famille et
à leur patrie. On les estimait comme des bêtes de somme,
pour la beauté du sang, la taille ou la force et on les vendait de même. Quand ces tristes arrivages étaient signalés,
saint Éloi se transportait immédiatement sur les bords du
fleuve, et avant que ce bétail humain ne fût même conduit
au marché où l'on vendait ces hommes rachetés du sang
de J.-C., il en achetait des centaines, quelquefois les cargaisons entières. Plus d'une fois il lui est arrivé de
manquer d'argent, alors il vendait ses vêtements, son
manteau, jusqu'à ses chaussures. Quand il avait fait ses
acquisitions, il rentrait dans sa maison, comme un
triomphateur suivi des captifs dont il était le maître,
ou bien il conduisait son cortége d'infortunés au roi qui
achevait de payer les rançons en souffrance, puis il

faisait délivrer à tous, sous ses yeux, des lettres de liberté.

Quand ces malheureux prisonniers étaient rendus à eux-mêmes, il leur donnait le choix de retourner dans leur patrie ou de rester avec lui, jouissant de tous les droits des citoyens français. Il ouvrait aussi les portes de ses monastères à ceux qui auraient pu désirer de s'y retirer; dans ce cas, qui se présentait assez fréquemment, ceux qui avaient été jugés dignes d'y être admis, il les traitait avec respect comme ses pères et ses maîtres. Pour ceux qui préféraient demeurer dans le monde, après leur avoir rendu la liberté de leur personne, il s'appliquait à leur donner la liberté des enfants de Dieu en les instruisant des vérités de la religion, qui apprend à briser les chaînes dans lesquelles le démon ne cesse de travailler à nous enlacer perfidement. La lumière qu'il faisait briller à leurs yeux les éclairait tous, plus ou moins, mais il parvint à former l'un d'eux à une telle piété, qu'il en fit un saint, cité parmi ses frères comme un modèle sous tous les rapports et qui, plus tard, fut inscrit au nombre des bienheureux et honoré, le 7 janvier, sous le nom de saint Théau.

Malgré les nombreuses occupations qui absorbaient tous ses moments, il ne manquait jamais de trouver le temps de chanter, ou au moins de réciter l'office canonial, comme plus tard, tout accablé qu'il fût des rudes labeurs de la royauté, nous voyons que le faisait saint Louis, ce roi chrétien à la manière de saint Éloi. Plusieurs de ses domestiques, de ses employés, de ses apprentis ou de ses ouvriers, entraînés par l'exemple de leur maître, chef ou patron, chantaient avec lui les louanges du Seigneur. Jamais il ne sortait de sa maison sans prier et sans faire le signe de la croix. Touchant exemple pour tous les chrétiens, surtout pour les patrons, les maîtres et les pères de famille. Les charmes de la piété du grand artiste embellissaient toute sa personne, et si tous les regards remarquaient en lui sa haute taille, sa belle tête, son teint vermeil et sa chevelure brillante et frisée, ils n'étaient pas moins frappés de la sérénité de son âme qui resplendissait sur tous les traits de sa physionomie.

Après la mort de Clotaire II, en 628, Dagobert 1er, son successeur et son fils, n'eurent pas moins d'estime pour Éloi que leur digne prédécesseur. Ils avaient même une si grande confiance dans ses conseils qu'elle suscita contre lui des jalousies, au point qu'il se vit calomnié auprès du roi, par ses favoris qui avaient résolu de le perdre. Leur acharnement prit les caractères d'une véritable conspiration, mais Dieu permit que ces odieuses trames, loin de nuire à Éloi, ne fissent qu'augmenter la confiance du roi, et Dagobert le combla plus que jamais de ses royales faveurs.

Les libéralités du prince fournirent à son pieux sujet des ressources assez grandes pour lui donner le moyen de fonder deux établissements d'un ordre supérieur : d'abord une abbaye à Solignac, à deux lieues de Limoges, dans le voisinage de son pays natal. Le nombre des religieux admis dans la communauté de cette abbaye devint bien vite considérable, car en peu de temps on en compta plus de cent cinquante. Ces pieux et saints solitaires n'étaient pas seulement appliqués à la contemplation , mais ils pratiquaient tous différents métiers dans lesquels ils excellaient, tout en donnant d'admirables exemples d'édification par la ferveur de leurs prières. A la vue de la riche culture du vaste enclos qui entourait leur habitation, des arbres fruitiers qu'ils y avaient plantés, un des biographes du saint fondateur déclare qu'on se serait cru au seuil du paradis terrestre; mais aucun ange à l'épée flamboyante n'en défendait l'entrée, et en temps de guerre, les habitants y trouvaient un refuge , et dans les années stériles , un grenier d'abondance.

Le second établissement que fonda saint Éloi, fut un monastère de religieuses pour lequel le roi Dagobert lui donna, à Paris, une grande maison. Il confia la direction de ce monastère à sainte Aure, jeune princesse étrangère qui s'était mise sous sa direction en abordant en France, après avoir quitté son pays. Cette communauté devint si prospère, qu'en peu de temps on y vit trois cents jeunes filles, sous la conduite de l'abbesse Aure. Cette maison subsista jusqu'à la fin du dix-huitième siècle. Elle fut la première maison religieuse consacrée à l'éducation des jeunes filles, à Paris, dans d'aussi vastes proportions.

Après la révolution de 1789, qui, dans son aveuglement, avait détruit toutes les maisons religieuses, aussitôt que les violences furent un peu apaisées et que le calme se fut rétabli dans les esprits, avant même le commencement de ce siècle, une ancienne religieuse de l'ordre de saint Aure, Mme Desfontaines, fonda, au faubourg Saint-Antoine, une communauté pour l'éducation des jeunes filles, donnant ainsi dans ces temps difficiles, la préférence de l'enseignement sur la contemplation ; c'est la maison de Sainte-Clotilde, rue de Reuilly, n° 101, en notre paroisse de Saint-Éloi. Cette communauté est une des plus importantes et des plus florissantes de Paris, tant pour le choix et le nombre des religieuses que pour le nombre et le choix des élèves. La bonne direction de cet établissement, l'ordre qui y règne, la force de ses études, la piété éclairée de tout son personnel, élèves et maîtresses, en

ont fait une maison modèle. La supérieure actuelle est,
Mme de Bontin, religieuse non moins remarquable par
ses qualités personnelles, par sa haute piété, que par
sa naissance dans une famille d'une ancienne noblesse,
au milieu de laquelle les vertus et la piété ne sont
pas moins héréditaires que les sentiments nobles et
généreux.

Une partie de la maison fondée par saint Éloi et confiée
à sainte Aure a été, plus tard, donnée anx Barnabites.
Les derniers vestiges de la chapelle, construite en face
du Palais de Justice, viennent de disparaître pour faire
place à une caserne de gendarmerie. C'est ainsi que les
anciens édifices du vieux Paris sont démolis les uns après
les autres et remplacés par les constructions du Paris
moderne, dont la plupart des maisons sont des palais, et les
établissements publics des monuments.

Saint Éloi qui ne cessait de recevoir de nouveaux témoignages de la générosité de son roi, ayant un jour remarqué que, dans la portion qui lui avait été accordée pour
la construction de son monastère, il en avait été pris une
modique quantité de plus, sa conscience s'en alarma; aussitôt il alla se jeter aux genoux de son souverain pour lui
en demander pardon. Il donnait ainsi un nouvel exemple de
sa rare délicatesse et de sa profonde humilité.

L'influence du ciseleur de Limoges, devenu directeur des monnaies à la cour du roi, ne se renferma pas dans la distribution de larges aumônes et dans la construction de monastères ; mais comme on avait remarqué qu'il avait un grand génie pour toute chose et qu'il s'exprimait avec facilité, le roi Dagobert lui confia une mission de la plus haute importance. Depuis de longues années, les Bretons et les Francs vivaient dans une déplorable mésintelligence qui souvent occasionnait de cruelles guerres. Éloi fut envoyé en ambassade au chef des Bretons. Le ministre plénipotentiaire franc se présenta à ce chef étranger avec tant de noblesse, il lui parla avec tant d'éloquence qu'il le captiva par le charme de ses discours et l'amena avec lui jusqu'aux portes de Paris, où un traité avantageux aux deux nations fut conclu pour leur plus grand bien. L'ambassadeur justifia ainsi, le choix qu'on avait fait de lui. Ce succès qui paraissait si difficile, ne fit qu'augmenter son crédit à la cour. Il remplit ainsi plusieurs autres missions à la grande satisfaction de ses souverains. Dans les conseils du gouvernement, ses avis étaient toujours prépondérants. La haute protection que son mérite lui avait faite lui avait obtenu la considération de tous les courtisans du roi, mais sa piété le fit rechercher par un jeune seigneur qu'on appelait Dadon, quoique son véritable nom fût Ouen, *Audoenus*, qui vivait à la cour où il occupait une grande place, et qui, plus tard, devint évêque de Rouen, puis enfin bio-

graphe de l'évêque de Noyon. Il fut encore recherché pa
saint Didier, alors trésorier de Clotaire II et depuis,
évêque de Cahors, et par deux frères des plus recomman-
dables, Paul et Sulpice qui, tous deux aussi devinrent
évêques, l'un de Bourges, l'autre de Verdun, et qui,
tous deux également, comme leur ami, furent inscrits
au livre des saints. Ces pieux et savants personnages
préludaient à la mission apostolique de pontifes, en
s'exerçant mutuellement à la vertu et à la défense de
la religion, avec un zèle tel que les évêques, qui
alors, gouvernaient les différentes églises du pays des
Francs, les jugèrent tous dignes d'occuper un siége
épiscopal.

Le ciseleur de Limoges, cet éminent artiste qui, de
simple ouvrier avait été convoqué au conseil des rois, où il
avait fait souvent preuve de sa supériorité, mais qui en
même temps, avait approfondi les questions religieuses,
tout en se formant à la pratique de toutes les vertus, ne
devait pas en rester là.... Dieu avait d'autres vues sur
lui, et voulut qu'il prît place parmi les lumières de son
Église et fût élevé à l'épiscopat. En 639, saint Acaire,
évêque de Noyon, étant mort, il fut appelé à lui suc-
céder.

Le siége de Noyon était un des plus importants de la

monarchie, parce que le diocèse était d'une immense étendue. Il comprenait les provinces du Vermandois, et les Flandres, particulièrement le pays de Courtrai, de Gand et d'Anvers. La religion catholique y avait été autrefois prêchée; mais il ne s'y trouvait plus qu'un petit nombre de chrétiens qui habitaient dans les villes, tandis que les campagnes étaient couvertes de barbares demeurés païens auxquels personne n'avait encore osé porter la Foi, tant ils passaient pour des hommes farouches, intraitables. Leur culte ne s'adressait qu'à des divinités sanguinaires. Leurs fêtes n'étaient que des orgies d'où ils ne sortaient qu'ivres de vin et de fureur pour aller porter le ravage et le pillage dans les cités des contrées voisines, même dans celles de leur propre pays. Pour dompter ces bandes indisciplinables qui bravaient la puissance des souverains, il ne fallait rien moins que la parole inspirée d'un saint.

Le modeste enfant du peuple, que son mérite et ses vertus avaient placé dans des régions élevées, il est vrai, mais qui n'en demeurait pas moins le fils d'une humble famille, appelé par la permission de Dieu à des devoirs si remplis de difficultés, en fut effrayé. Il tenta, mais en vain, de s'y soustraire. Cependant il ne fallut rien moins que le désir de convertir les peuplades sauvages qui habitaient une partie du diocèse qui lui était confié, pour le décider à

accepter la lourde charge de l'épiscopat. Il n'eut que peu
de temps pour se préparer à recevoir la plénitude du sa-
cerdoce. Après avoir rempli successivement tous les
ordres inférieurs et moyens de la hiérarchie sacrée, depuis
la tonsure jusqu'à la prêtrise, il fut fait évêque dans la
cathédrale de Rouen, en même temps que son ami Ouen,
surnommé Dadon, le dimanche 21 mai 640, la troisième
année du règne de Clovis II. Aussitôt après, le nouvel
évêque de Noyon se rendit dans sa ville épiscopale, escorté
de toutes les vertus qu'il avait jusqu'alors pratiquées.
Mais ce qui n'était pas moins précieux, c'est que sa science
ecclésiastique était à la hauteur de sa position. Sa sublime
dignité ne changea rien à sa manière de vivre, ses austérités redoublèrent même et sa charité envers les pauvres
et les malades ne devint que plus ardente. Quand il eut
été installé dans sa maison épiscopale, il se fit un devoir
d'admettre régulièrement douze pauvres à sa table certains
jours de la semaine.

A peine le saint prélat eut-il été assis sur son siége
épiscopal, qu'il se préoccupa du gouvernement de son
clergé. Il s'appliqua à faire observer la discipline et les
règlements de l'Église. Il montra une grande énergie dans
l'accomplissement de ce devoir toujours difficile, car
quelquefois il oblige à des réformes qui ne se font
jamais sans exciter des mécontentements et des murmures.

Mais il eut le courage de ses convictions. Les difficultés de la situation furent aplanies par l'amour qu'il portait à son peuple et qui le lui rendait largement, ainsi que par son dévouement aux pauvres auxquels il donnait tout ce dont il pouvait disposer, aux affligés pour lesquels il avait toujours des consolations, aux faibles et aux opprimés dont il aimait à se faire le protecteur. Il visitait aussi les prisonniers, ces hommes plus ou moins coupables, toujours flétris par une sentence de condamnation, si légère qu'elle soit. Il en convertit plusieurs par sa douce charité. Les malades étaient également l'objet de sa sollicitude. Plus d'une fois, quand il priait pour eux, Dieu exauça ses prières et les guérit. C'est ainsi que ce saint pontife de Dieu régla toutes choses dans la ville épiscopale et dans les autres grands centres de son diocèse; mais la connaissance qu'il avait que, dans les campagnes, un nombre considérable d'infidèles vivaient dans toutes sortes de désordres, remplissait son cœur d'amertume et d'inquiétude. Il lui tardait d'entreprendre d'arriver à ces populations abandonnées à elles-mêmes. Enfin il commença ses visites au milieu de ces barbares campés dans les bois et dans les marais, depuis Noyon jusqu'au bord de la mer. Il fut d'abord accueilli par ces hordes sauvages comme un ennemi des divinités qu'elles adoraient, et ils cherchèrent à l'attirer dans des piéges pour le mettre à mort. En échange de leurs menaces, il ne leur rendait que des témoignages de bonté et de douceur; aussi la majesté de sa personne, la mansuétude de ses discours, l'éclat de ses vertus finissaient-ils par apaiser toutes les irritations. La Providence bénit si évidemment ses efforts, qu'en peu de temps il se vit entouré de ces hommes féroces qui, quelque temps auparavant, égorgeaient leurs prisonniers en l'honneur de leurs divinités, comme un père au milieu de ses enfants tendrement attachés à sa personne; et bientôt les Flandres furent redevables au zélé pasteur des lumières de la Foi, par conséquent du bienfait de la civilisation. Lui-même il baptisa un grand nombre des néophytes qu'il avait convertis. Il y en avait de tous les âges, depuis les enfants dans la fleur de la jeunesse jusqu'aux vieillards les plus avancés dans la vie. L'infusion de l'eau sainte sur la tête de ces sauvages les transformait, parce qu'elle leur communiquait la vie de la grâce, l'esprit de Dieu en les initiant à la grande famille chrétienne. On en vit qui, au sortir de l'onde sainte, donnaient leurs biens aux pauvres et la liberté à leurs esclaves.

Après avoir amené ces infortunés sauvages dans le sein de l'Église, le bon pasteur fit construire des basiliques pour les besoins spirituels de ses nouveaux enfants. Ces temples devinrent des centres de population. La vie nomade et vagabonde fut remplacée par une résidence sédentaire. Le travail fut accepté par tous, comme un moyen de sanctification et de civilisation. On comprit que l'obéissance était de première nécessité pour maintenir l'ordre. L'insubordination fut considérée comme une source de discorde. La famille chrétienne fut fondée dans ces contrées, jusque-là inaccessibles à toute organisation. Voilà l'effet de la pureté d'un homme de Dieu, cette puissance au dessus de toute puissance. La conséquence de la conversion au christianisme de ces peuplades insubordonnées, fut le défrichement des forêts, la culture de riches terres qui produisirent d'abondantes moissons, la construction de villages, de bourgades et de villes peuplées d'un nombre plus ou moins considérable d'habitants. Quand on se rend compte de cette transformation, on peut assurer sans crainte d'être démenti que c'est à saint Éloi qu'on doit réellement la création de ces belles provinces des Flandres dont les riches productions font l'admiration de l'Europe.

Malgré tous ces avantages procurés au pays, et tous les bienfaits prodigués aux populations, saint Éloi n'en fut pas moins exposé aux attaques de ceux-là mêmes auxquels il avait rendu le plus de services. Sa douceur était sans doute inaltérable et son zèle sans dureté; toutefois il ne faiblissait pas devant les dangers. Ses prédications dans le voisinage de Noyon contre des réunions tumultueuses et contre des danses qui étaient devenues pour le peuple des occasions de désordre, lui avaient attiré des menaces de la part de pécheurs incorrigibles, résolus d'attenter à sa vie; mais le saint prélat, prenant en main les armes de l'Église les frappa d'excommunication.

Si ce n'est point la main de Dieu qui s'appesantit sur ces malheureux aveugles, une coïncidence bien extraordinaire doit appeler l'attention de tous ceux qui connaîtront le fait. Cinquante d'entre eux furent atteints d'une maladie que les médecins avaient jugée incurable. Mais dans cet état de souffrance qui devait les conduire à la mort, ils s'adressèrent à l'évêque qu'ils avaient bravé; il pria pour eux, et en échange de leur repentir ils obtinrent leur guérison. Saint Ouen nous assure que saint Éloi, à la même époque, guérit aussi plusieurs autres malades dont il cite les noms, et que Dieu lui avait accordé le don de prophétie. A la tête des obligations imposées à un évêque, il plaçait le ministère de la parole; aussi ne laissait-il jamais passer un seul jour sans adresser au moins une instruction à son peuple; il ne cessait de l'exhorter à la fuite du péché, à la pratique de toutes les vertus et à la fréquentation des sacrements.

Plusieurs des discours de l'évêque de Noyon nous ont été conservés. On y trouve une doctrine pure, des pensées profondes, cependant simples et à la portée de tous. Son style est clair, limpide, malgré cela, pathétique. On trouve dans la bibliothèque des Pères dix-sept homélies qui ont été imprimées sous son nom; cependant elles ne sont pas de lui, mais d'un moine qui depuis fut évêque de Noyon.

Un monument authentique et bien précieux qui a été conservé jusqu'à nous, c'est la charte de la fondation de l'abbaye de Solignac par notre immortel évêque. Un fait bien remarquable, c'est que si saint Éloi est parvenu à adoucir par sa parole des hommes de sang, dont le plus doux des plaisirs était le pillage et le devoir le plus sacré la vengeance, l'histoire nous démontre que c'est par le même moyen que les grands évêques du sixième et du septième siècles, saint Remi à Reims, saint Ouen à Rouen, saint Germain à Paris, saint Sulpice à Bourges, saint Grégoire à Tours, saint Nizier à Lyon, éclairaient les rois, disciplinaient les peuples, portaient la lumière dans les masses, et devenaient ainsi les fondateurs de la société française. Le jour où la parole apostolique des pontifes de l'Église, à commencer par celle de son chef, reprendra son ascendant, les mêmes causes produiront les mêmes effets. L'ère des révolutions politiques ou sociales qui agitent le monde sera fermée.

Le vertueux évêque de Noyon gouvernait son diocèse

depuis dix-neuf ans et demi, lorsque Dieu lui révéla que sa dernière heure approchait. Il prédit lui-même sa mort à ses disciples, avant sa dernière maladie. Tous en furent profondément affligés; mais lui, il les consola, en les assurant qu'il voyait approcher la mort avec une véritable allégresse afin d'aller jouir de la vue de Dieu, au sein de la bienheureuse éternité. Il était alors âgé de plus de soixante-dix ans et n'avait rien relâché de ses travaux, ni de ses austérités. On était vers la fin de l'année 647. On conçoit qu'il devait commencer à plier sous le poids de l'âge et des fatigues; cependant la fièvre, dont il fut atteint peu de temps après la sinistre prédiction qu'il avait faite à plusieurs des siens, n'interrompit pas ses habitudes de prier. Mais le mal continuant de s'aggraver, le sixième jour de sa maladie, il réunit ses disciples, leur adressa ses derniers conseils, leur donna ses dernières bénédictions, pria Dieu pour son peuple, lui demanda d'accorder un bon pasteur à ce troupeau chéri pour lequel il s'était sacrifié, puis il expira en récitant le cantique *Nunc dimittis*, le 1er décembre 649, à l'âge de soixante-dix ans et quelques mois.

A la nouvelle de sa maladie, la reine Bathilde se rendit auprès du saint prélat; mais, quand elle arriva à Noyon, déjà il avait rendu sa belle âme au Dieu qu'il avait servi jusqu'à son dernier soupir. La mort de l'immortel évêque

de Noyon plongea l'Église de France entière dans le deuil
et la consternation.

La reine Bathilde aurait voulu faire transporter dans son
monastère de Chelles les dépouilles vénérées du saint pontife ; mais le peuple de Noyon voulut à tout prix les conser-
ver, dans la confiance que celui qui, pendant sa vie, avait
guéri tant de malades, opéré tant de miracles, ne perdrait
rien de son crédit auprès de Dieu dans le séjour de la
gloire.

Comme elle n'avait pu obtenir ses restes sacrés, la
reine Bathilde voulut au moins lui donner une dernière
preuve de sa haute estime, en venant de Paris, accompa-
gnée d'un grand nombre de seigneurs, pour assister à ses
funérailles. Elle voulut même suivre à pied le convoi
du saint.

Il était beau de voir une reine de France accompagner ce
saint pontife à sa dernière demeure mortelle ; mais ce qui
en fit le plus bel ornement, ce furent les larmes des nombreux pauvres qui suivaient son convoi funèbre. Ils com-
prenaient l'étendue de la perte qu'ils faisaient. Bientôt
cependant ils connurent que leur père ne les avait
pas abandonnés, en voyant se multiplier les miracles
qui s'opéraient à son tombeau et que l'étendue de notre

travail ne nous permet pas de citer ici, mais qui sont
attestés par le témoignage d'un homme grave et savant,
de saint Ouen son ami, évêque comme lui, qui lui
survécut et écrivit sa vie dans laquelle il consigna un
grand nombre de faits miraculeux arrivés à son tombeau.

Puissent les généreux ouvriers de la paroisse Saint–Éloi
au faubourg Saint-Antoine, à Paris, auprès desquels la
Providence nous a envoyé comme autrefois elle l'avait
envoyé dans le diocèse de Noyon, imiter les vertus de leur
saint Patron et apprendre à son exemple à ne plus se
précipiter imprudemment à la suite des passions politiques, mais marcher désormais avec une sage lenteur à la
suite de la raison dans le chemin de la vertu, de la
sagesse et de leurs véritables intérêts, sans agitation ni
impatiences. Puissent ces travailleurs intelligents et hon-
nêtes demander à la religion ses inspirations à la fois
les plus pures et les plus élevées, compter sur la vérité
en sa puissance qui l'emporte à la fin sur tous les préjugés.

Alors la lumière se fera peu à peu, les abus tomberont,
les uns après les autres, l'édifice social vieilli, qu'il fallait
reconstruire, ne s'écroulera pas subitement avec fracas,
mêlant des flots de sang humain à ses décombres; la
société se remettra graduellement, et sa transformation
sera glorieuse et pacifique tout ensemble, car il n'y a

que ce que la religion consacre qui demeure et se consolide. Tout le monde le sait, les ouvriers attachés au travail des métaux, le choisirent pour leur intercesseur et la charité du Saint inspira plus d'une fois les règlements des métiers placés sous son invocation, comme les orfévres, les maréchaux ferrants, les forgerons, les serruriers, même les cultivateurs qui sont sans cesse en rapport avec tous ces travailleurs de métaux. Ces hommes laborieux trouveront toujours en lui un protecteur et un modèle. Si tous ne sont pas appelés comme lui à de hautes destinées, tous comme lui, peuvent servir Dieu par la prière et leur pays par le travail. Il n'en est pas un qui ne puisse honorer son atelier, en y portant la probité, la sobriété, la charité qui respecte les maîtres, unit les ouvriers, protége les apprentis, enfin la justice qui fait que le patron traite avec égards tous ceux auxquels il a droit de commander, tandis que ceux qui sont sous ses ordres honorent leur chef. Cette réciprocité de bons procédés ne peut être que le résultat d'une religion bien entendue.

Notre vœu le plus ardent serait de voir s'établir au milieu de nous, ou plutôt se développer, car elle existe déjà, une confrérie de Saint-Éloi fortement constituée, qui fut en même temps une association religieuse et une Société de secours mutuels pour les intérêts matériels, unissant ainsi les intérêts de la terre à ceux du ciel appelés à les sanctifier.

CANTIQUE

EN L'HONNEUR

DE SAINT ÉLOI,

PATRON DES ORFÉVRES, SERRURIERS, ETC.

Sur l'air : *Je l'ai planté, je l'ai vu naître.*

En ce saint jour, honorons la mémoire
Du glorieux artiste, saint Éloi ;
Si renommé dans l'Église et l'histoire,
Par ses vertus, les faveurs de son roi. (*Bis.*)

Dans son état il était très-habile ;
Ses ouvrages décoraient nos autels :
Mais il parut encore plus utile
En secourant les malheureux mortels. (*Bis.*)

Tous les pauvres suivaient partout ses traces
Il établit pour eux des hôpitaux :
Les consolait dans toutes leurs disgraces,
Et se montrait sensible à tous leurs maux. (*Bis.*)

L'illustre Éloi, par sa tendre éloquence,
Consolait les cœurs les plus affligés ;
Quelque affreuse que fût leur indigence,
Dès qu'il parlait, ils étaient soulagés. (*Bis.*)

Si saint Éloi s'est montré charitable,
Que tout chrétien imite ce Patron ;
Qu'il soit touché du sort de son semblable,
Et remédie à son affliction. (*Bis.*)

Tendons la main à tous les misérables,
Et le Seigneur dit qu'il nous la tendra :
Ses trésors sont toujours inépuisables,
Donnons, au centuple il nous le rendra. (*Bis.*)

Qu'on est heureux de pouvoir sur la terre,
Par des œuvres, des dons de charité,
Du Tout-Puissant désarmer la colère,
Se racheter de son iniquité. (*Bis.*)

Faites, grand saint, que, par vos humbles prières,
Nous soyons un jour exempts de péché,
Et que Jésus, le Père des lumières,
Nous reçoive dans la sainte Cité.

Clichy. — Imp. Maurice Loignon et Cie, rue du Bac-d'Asnières, 42.

CLICHY. — Imp. MAURICE LOIGNON et Cie, rue du Bac-d'Asnières, 12.